AN COSÁN

pictiúrleabhar le Gabriel Rosenstock

maisithe ag Masood Hussain

Published by Cross-Cultural Communications, New York, 2024
Stanley H. Barkan, Editor
239 Wynsum Ave., Merrick NY 11566-4725, USA
Illustrated by Masood Hussain

Cross-Cultural
Communications

1

Múirín gréine a dhúisigh Samúéil Seilide. Níor mhair an cith ach nóiméad nó dhó. Cad a chonaic sé roimhe ansin ach Cosán geal cam.

'Cá dtéann an Cosán sin?' ar seisean leis féin.

As go brách leis agus an Cosán geal á leanúint aige.

2

3

Níorbh fhada gur casadh Cóilín Coileach air (ar a dtugtar Cáit chomh maith).

'Beidh tuairim ag Cóilín/Cáit,' arsa Samúéil leis féin. 'Nó ba cheart go mbeadh.'

Labhair sé amach os ard:

'Cá dtabharfaidh an Cosán seo mé, le do thoil?'

'Nach ndéarfá Mora dhuit ar maidin, a phleidhce!' arsa an Coileach.

'Mora dhuit ar maidin, a phleidhce!' arsa Samúéil.

'Hath?'

Bhí Cóilín/Cáit le ceangal.

'Tabharfaidh an Cosán sin chuig carn aoiligh thú!' arsa an Coileach go garbh agus thosaigh ag glaoch in ard a chinn is a ghutha:

'Coc-a-dúdal-dú!'

'Pleidhce!' arsa Samúéil Seilide ina intinn féin. 'Pleidhce ceart!'

4

Cosán fada a bhí ann. Lean Samúéil ar aghaidh. Níorbh fhada gur casadh Gearóid Gráinneog air, nó Gearóid Iarla mar ab fhearr aithne air. File.

Labhair siad faoi seo is faoi siúd, faoi chúrsaí aimsire agus faoin gCosán.

'Ar fliuchadh ar maidin thú faoin gcith? . . . Cosán? Cosán? Ní fheicimse Cosán ar bith!'

Bhrostaigh Samúéil ar aghaidh (más féidir le seilidí brostú).

Bhí Faoileán ag eitilt os a chionn. Tharraing
Samúéil a adharca siar ina cheann. Ach ní raibh
aon spéis ag an bhfaoileán ann – ní mar bhéile ar
aon nós. Seans go raibh ite cheana aige.

    'A Fhaoileáin?'

    'Sea, a bhuachaill, abair?

    'An Cosán seo, cá dtabharfaidh sé mé?'

    'Chun na farraige síos!'

    Leis sin, d'ardaigh an ghaoth agus scuabadh
Faoileán chun siúil.

8

9

Ghlac Samúéil sos beag. Mheas sé nach raibh mórán dul chun cinn déanta aige in aon chor, chun na fírinne a rá.

D'fhéach sé ar an gCosán geal. Nach aoibhinn é, ar seisean leis féin. Ach cad é féin? Cá dtéann sé?

Bhí an ghaoth ag spraoi leis na seamaidí féir. Lár an lae a bhí ann. Cé a tháinig ag preabadh ina threo ach Fidelma Frog. Ar fud na háite a bhí sí–ní raibh sí riamh in ann preabadh in aon líne dhíreach amháin.

Phreab sí ansin os a chionn, a cosa spréite aici, agus fuair Samúéil radharc ar a bolg.

11

'Ní fhaca mé do bholg go dtí anois!' arsa Samúéil.

'Ní fheicimse féin rómhinic é,' arsa Fidelma, 'ach amháin nuair a thugaim léim sa linn!'

Labhair siad faoi seo is faoi siúd, faoin aimsir agus, ar ndóigh, faoin gCosán.

'An Cosán? Ní fhaca mé an Cosán sin cheana. Dhera, a Shamúéil, a gharsúin, tá an iomarca cosán ann i mo thuairimse. I bhfad an iomarca.'

Phreab sí as radharc.

Chlúdaigh scamall dubh an ghrian ar feadh meandair.

Tar éis tamaillín, thosaigh Samúéil ag bogadh ar aghaidh arís.

Bhí scata préachán ag bailiú cipíní chun an nead acu a dheisiú. Bheannaigh Samúéil dóibh. Bhraith sé go raibh aithne aige orthu, nó go bhfaca sé cheana iad ach is deacair a rá. Préacháin . . . níl mórán difríochtaí eatarthu, an bhfuil? Seilidí . . . sin scéal eile!

13

Bhíodar ag breathnú air go hamhrasach. Is ansin a thuig Samúéil nár aithin sé éinne cu. Dream nua, ní foláir. An ceart dó cúbadh uathu isteach ina bhlaosc?

D'fhéachadar ar a chéile is d'fhéach ar Shamúéil ansin. Arsa an préachán ba mhó rthu os íseal:

'Lig dó. Róbheag atá sé. Ar aon chuma, ní fhaighimse blas ar sheilidí a thuilleadh. ad fúibhse?' D'aontaíodar go léir leis.

Thosaigh Samúéil ag caint leo ansin, ag fiafraí díobh faoin gCosán.

'Tabharfaidh an Cosán sin chun na Róimhe thú,' arsa préachán amháin, cuma hráifeach air.

'Go hlarúsailéim!' arsa an dara préachán. 'Nach bhfuil seanfhocal ann mar gheall ir: aimsir agus foighid, bhéarfaidh siad an seilide go hlarúsailéim!' Arsa an tríú réachán: 'Stopann an Cosán sin i Meice.'

'Fastaím!' arsa an ceathrú préachán. 'An bealach ar fad go dtí na Himiléithe a héann an Cosán sin—deireadh an Chosáin ná pluais fhuar sna sléibhte sin agus cnámha uara ar fud an urláir!'

Fágadh an focal scoir faoin bpréachán ba mhó ina measc:
'Ní fios, a chara, agus sin í an fhírinne ghlan.'
Lig Samúéil osna.

14

Amach san iarnóin, bhuail sé le hEibhlín
Easóg, baintreach. Bhí ardghiúmar uirthi tar éis
di féasta breá de lón a bheith aici.

'An Cosán?' ar sise. Bhí iontas uirthi. Ach ní
haon rud nua é sin; bíonn iontas ar Eibhlín i
gcónaí. 'Is saothar ealaíne é! Cad eile!'

15

Thosaigh sí ag scigireacht. 'Déarfainn go bhfuil sé an-luachmhar.'

'Ach . . . cá dtéann sé?'

'Cá dtéann sé? Cad is brí leis sin? An ealaín ar son na healaíne, a mhic-ó. Bain taitneamh as an gCosán. Tar éis an tsaoil, ars longa, vita brevis!'

'Gabh mo leithscéal?'

'Ní mhairfimidne i bhfad ach maireann an ealaín an-fhada. Laidin, a Shamúéil! Nach bhfuil Laidin agat?'

'Níl, a Eibhlín, is oth liom a rá. An bhfuil mórán teangacha ar do thoil agatsa?'

'Na seanteangacha, sin an méid. Is iad is fearr. Laidin, Gréigis, Gaeilge, Sanscrait, Éigiptis. Bhuel, beidh orm priocadh liom anois, a Shamúéil Seilide. Slán!'

Thosaigh scáileanna an tráthnóna ar a ngéaga a shíneadh. Chuir Bíbí Bó a ceann thar chlaí.

'Cloisim,' ar sise, 'go bhfuil an Cosán á leanúint agat. Mú! Mú! Maith thú! Mú!'

'Cloiseann tusa gach rud,' arsa Samúéil léi. 'Chloisfeá an féar ag fás! Cogar, a Bhíbí, cad a chuala tú faoin gCosán seo? Cá dtéann sé?'

'Inseoidh mé dhuit, a stór. Ach ná hinis d'éinne eile é. Bíodh sé ina rún eadrainn.'

'Tá go maith,' arsa Samúéil Seilide.

'Mú! Mú! Maith thú! Mú! Téann sé an bealach ar fad go dtí . . .'

'Go dtí?' Mheas Samúéil go bpléascfadh sé.

'An bealach ar fad go dtí an tír sin a bhfuil Bainne agus Mil ina slaoda! Nuair a thiocfaidh tú abhaile ón tír sin, inseoidh tú gach rud dom mar gheall ar an áit, nach n-inseoidh? Mú! Mú! Maith thú! Mú!'

Leis sin, chrom Bíbí a ceann agus thosaigh sí ag éisteacht leis an bhféar ag fás . . .

19

Lean sé ar aghaidh is ar aghaidh ar an gCosán geal. Go tobann, chonaic sé snaga breaca, ceithre cinn díobh ar dhá thaobh an Chosáin!

Labhair snag breac amháin: 'Is amadán thú, a Shamúéil. Agus an Cosán sin, amaideach amach is amach atá sé!'

Ní raibh fonn air éisteacht leis an snag breac ach chuaigh na focail ghránna sin uaidh trína bhlaosc, go smior.

Thosaigh siad go léir ansin ar an bport céanna:

Amaideach! Amaideach! Amaideach!

Bhí siad fós le cloisteáil i bhfad laistiar de agus cnoc á dhreapadh ag Samúéil:

Amaideach! Amaideach! Amaideach!

Bhí gadhar mór leisciúil ar an gCosán agus ní bhogfadh sé.

'Pardún!' arsa Samúéil, go béasach. 'Pardún?'

Thosaigh an gadhar ag srannadh. B'éigean do Shamúéil dul timpeall air.

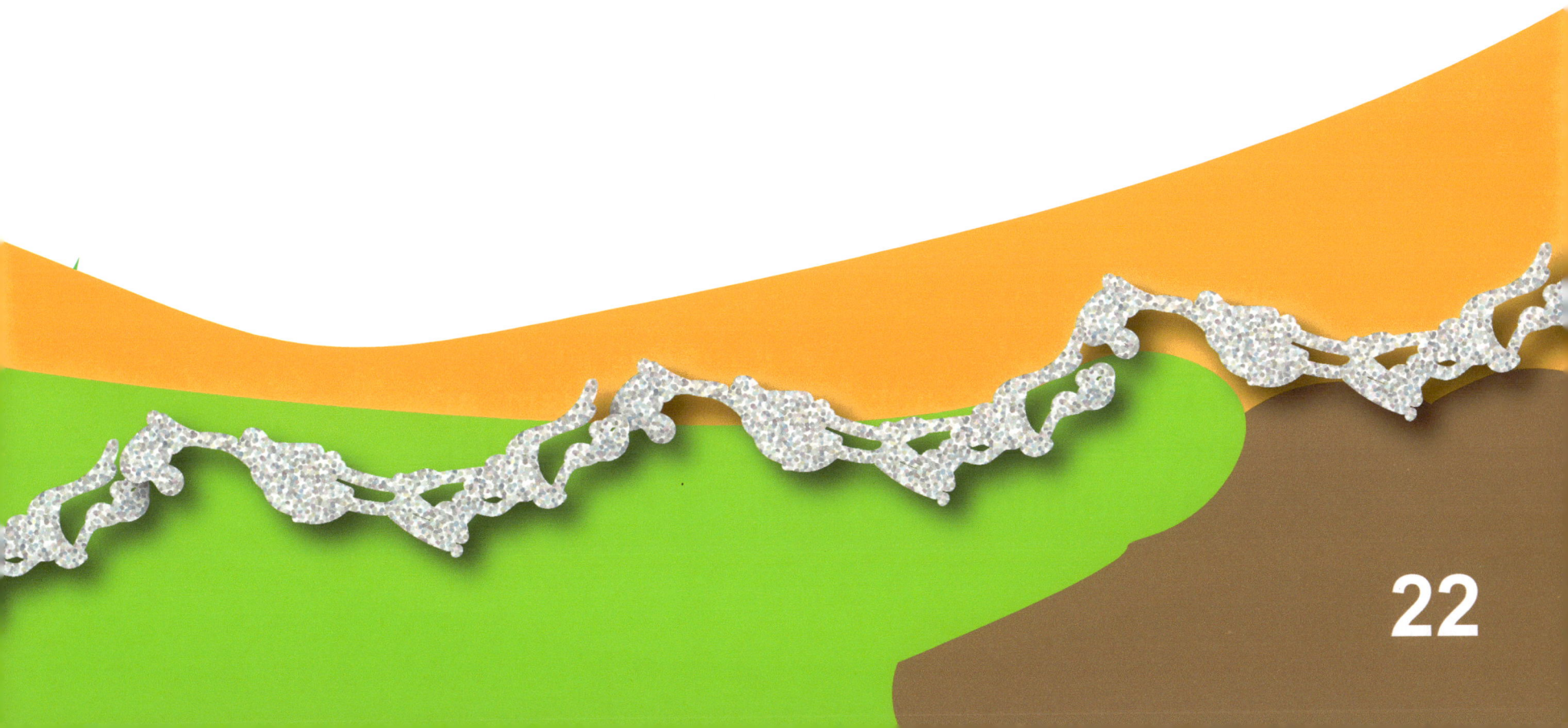

Bhí sé ina oíche, réaltaí ag damhsa sa spéir agus ag damhsa go meidhreach freisin ar an gCosán. Chonaic sé luch, Maoisín Smaoisín, ar bharr chró na gcearc, mar is gnách dó a bheith, agus é ag breathnú ar na réaltaí.

'A Mhaoisín Smaoisín?'

Bhí ar Shamúéil glaoch air cúpla uair sular chuala an réalteolaí é.

'Samúéil Seilide! An tú féin atá ann?'

'Mise atá ann, a Mhaoisín Smaoisín. Cogar, an Cosán seo. Cá dtéann sé?' Ní raibh Samúéil chun mórán ama a chur amú–ná Maoisín Smaoisín ach oiread; d'fhreagair sé láithreach é, gan smaoineamh:

'Go Bealach na Bó Finne!'

'Bealach na -?'

'Fuist!' arsa Maoisín Smaoisín, 'feicim réalta nua! Ainmneoidh mé i d'onóirse í!'

'Go raibh – '

Níorbh fhiú do Shamúéil an abairt a chríochnú. I ndomhan eile a bhí Maoisín Smaoisín.

Drochoíche a bhí i ndán do Shamúéil. Cúpla braon báistí i dtosach agus ansin–clagarnach! Bhí cuid den Chosán á ghlanadh chun siúil ag an mbáisteach.

'Ná himigh!' a d'impigh Samúéil ar an gCosán, 'ná himigh uaim!'

Nuair a stop an bháisteach, mheas Samúéil nach dtiocfadh sé ar an gCosán go deo arís. Ach, diaidh ar ndiaidh, tháinig sé air–in áiteanna a raibh fothain. Níos faide ar aghaidh, áit nár thit báisteach ar bith, bhí an Cosán ann arís, chomh geal is a bhí riamh–agus chomh mistéireach.

Bhí fuaimeanna aisteacha ag teacht ó na toir.
D'éirigh sé fuar. Caite amach a bhí sé agus bhí
an-ocras air. Tháinig sé ar bhalla agus chuaigh
isteach i bpoll ann tar éis dó muisiriún breá blasta
a ithe.

Thit a chodladh air. A leithéid de thaibhreamh a bhí aige! Cairn aoiligh i dtosach . . . d'athraigh an radharc ansin go dtí tír a raibh Bainne agus Mil ina slaoda ann; an chéad rud eile, bhí taispeántas ealaíne ann agus pictiúir de mhuisiriúin ar an mballa, pictiúir a thaitin go mór le Gearóid Gráinneog, le Cóilín (nó Cáit) Coileach, faoileán aonair, préacháin, Eibhlín Easóg, Bíbí Bó, gadhar leisciúil, Maoisín Smaoisín. Ach bhí snaga breaca ann chomh maith agus iad ag magadh faoi na pictiúir: *Amaideach Amaideach! Amaideach!* Dhúisigh a dtrup é. Bhí péinteáil ar siúl sna spéartha ag méara bándearga na maidine.

30

An chéad rud eile, chuala sé fead loin, fead lán dóchais, céadsolas na maidine ar a ghob buí.

D'fhéach Samúéil ar an gCosán. Sea, bhí sé ann i gcónaí, ach paistí thall is abhus in easnamh air.

Féach! Ag smúrthacht thart ar dhuilleoga sútha craobh, cé a bhí ann ach a Dhaideo agus drúcht na maidine ag glioscarnach ar a bhlaosc.

'A Dhaideo! A Dhaideo!'

'Shmúél?'

'Ó, Zayde!' (An focal Giúdaise ar dhaideo).

'Beidh mé leat i gceann nóiméid! Bhuel, dhá nóiméad déag nó mar sin. Fan ansin!'

Agus thosaigh Daideo ar an aistear mall síos go talamh.

'Ní bheidh mé i bhfad anois!' ar seisean, gach re nóiméad.

'Zayde! Tá áthas an domhain orm tú a fheiceáil!'

'Agus tá áthas ormsa freisin, a Shmúéil!' arsa Daideo, agus ga seá ann. 'Ní fhaca mé thú ó . . . inné ab ea? Nó athrú inné? Bíonn na laethanta an-fhada nuair is seanseilide thú'.

'Zayde! Táim ag leanúint an Chosáin seo an dtuigeann tú agus . . . agus . . .'

'Tóg go bog é, Shmúéil! Níor shíl mé go deo go mbeadh orm é sin a rá le seilide.'

Gháireadar beirt.

'Cosán, ab ea? Hmmm . . . lig dom breathnú air. Is maith liomsa cosáin!'

Scrúdaigh Daideo an Cosán.

34

'Suimiúil,' arsa Daideo.

'Tá a fhios agat cad atá ann mar sin– agus cá dtéann sé? An bhfuil?'

'Th'anam 'on ducs!' arsa Daideo agus d'fhéach sé isteach i súile geala a gharmhic.

'An é nach bhfuil a fhios agat cad atá sa Chosán seo?'

'Níl a fhios!' arsa Samúéil.

'Agus níl a fhios agat cé leis é?'

'Níl!' arsa Samúéil agus a adharca ag bogadh. Ar bís a bhí sé!

'Shmúél,' arsa Daideo go mall, 'ramallae atá sa Chosán. Ramallae! Is leatsa an Cosán sin!'

'Ní thuigim . . .'

'Nach ndúirt éinne riamh leat go bhfágaimidne, seilidí, ramallae inár ndiaidh? Tusa a dhein an Cosán–tusa–nuair a tháinig tú ar cuairt chugam arú inné!'

'Mise? Ó . . .'

'Do Chosán féin a bhí á leanúint agat!'

Bhí an ghrian ag taitneamh agus an Cosán ag glioscarnach, snáthaidí móra ag eitilt thall is abhus.

'Bhí an ceart ag na snaga breaca. Is amadán mé!' arsa Samúéil agus ceann faoi air.

'Ní haon amadán thú! Táim an-bhródúil asat, a mhic-ó!'

'An bhfuil?' arsa Samúéil agus d'fhéach sé isteach i súile cineálta a dhaideo.

'Go deimhin tá! Lean do Chosán féin i gcónaí agus ní raghaidh tú amú!'

'Ach, a Zayde . . . Cosán an lae amárach! Cá raghaidh sé sin?'

'Agatsa amháin atá a fhios,' arsa Daideo agus straois air.

40

About the Creators

Gabriel Rosenstock is a bilingual Irish-English poet, haikuist, tankaist, playwright, and essayist who has authored and translated over 180 books. He has also written many books and haiku for children, including *Haiku Más É Do Thoil É!*, which won the Children's Books Judges' Special Prize in 2015. He is a Lineage Holder of Celtic Buddhism, the former chairman of Poetry Ireland, Corresponding Member of the Hellenic Authors' Society, a Member of the Board of Advisors to Poetry India, and an Honorary Life Member of the Irish Translators' and Interpreters' Association. He currently lives in Dublin, Ireland.

Masood Hussain is a Kashmiri visual artist known best for his watercolor paintings depicting the serenity of Kashmiri life. Born and raised in Srinagar, Kashmir, Masood trained at the Sir J.J. Institute of Applied Arts in Mumbai. He has previously collaborated with Gabriel Rosenstock on the poetry book *Walk with Gandhi:Bóthar na Saoirse*. Previously, Masood Hussain taught at the Department of Applied Arts at the Institute of Music & Fine Arts Srinagar in Kashmir.

www.ingramcontent.com/pod-product-compliance
Lightning Source LLC
Chambersburg PA
CBHW040403100426

42811CB00017B/1823

9 780893 046170